**Antje Holtmann**

# Lernkarten für Symboldidaktik

## Zusammenfassung in Stichpunkten

GRIN Verlag

**Bibliografische Information der Deutschen Nationalbibliothek:**

Die Deutsche Bibliothek verzeichnet diese Publikation in der Deutschen National-
bibliografie; detaillierte bibliografische Daten sind im Internet über http://dnb.d-
nb.de/ abrufbar.



**Impressum:**

Copyright © 2014 GRIN Verlag GmbH
Druck und Bindung: Books on Demand GmbH, Norderstedt Germany
ISBN: 978-3-656-71242-8

**Dieses Buch bei GRIN:**

http://www.grin.com/de/e-book/277968/lernkarten-fuer-symboldidaktik

**GRIN - Your knowledge has value**

Der GRIN Verlag publiziert seit 1998 wissenschaftliche Arbeiten von Studenten, Hochschullehrern und anderen Akademikern als eBook und gedrucktes Buch. Die Verlagswebsite www.grin.com ist die ideale Plattform zur Veröffentlichung von Hausarbeiten, Abschlussarbeiten, wissenschaftlichen Aufsätzen, Dissertationen und Fachbüchern.

**Besuchen Sie uns im Internet:**

http://www.grin.com/

http://www.facebook.com/grincom

http://www.twitter.com/grin_com

1. **Bedeutung**
   o Symballein = zusammenwerfen, Getrennten zusammenfügen
   o Symbolon = das Zusammengefügte, Zeichen
   o Symbolisieren = etwas zusammenfügen
   o ***Umgangssprachlich*** oft abwertend gebraucht = unpräzise vs. real („nur symbolisch gemeint")
   o S. lässt sich nicht definieren, da mehrdeutig/widersprüchlich
   o Keine Religion ohne Symbole (Symbolwelten durch Brauchtum, Feiern, Bilder etc.)

   > o Symbol = Sinnbild für etwas nicht Wahrnehmbares

2. **Unterscheidung von Symbol, Zeichen und Klischee (A. Lorenzer)**
   o Zeichen = eindeutig (Straßenschild, schnell erkannt, nicht emotional)
   o Klischee = symbolische Darstellung von Verdrängtem, abgenutzt
   o Symbol = verdichtete Erfahrungen, fördern Denken+Handeln
   o Zeichen → Symbole (Mehrwert) , Symbole → Zeichen/Klischees

3. **Funktionen/Merkmale**
   - Hinweis- und Vermittlungscharakter: auf Wirklichkeit, Gegenwart/Vergangenheit/Zukunft
     o Bsp. Zerbrochene Tonscherbe => Freundschaft
   - Soziale Integration: gemeinsame Erfahrungen zum Ausdruck bringen, beruht auf Erfahrung, ist geschichtlich eingebettet, muss anerkannt sein (kann Bedeutung verlieren)
   - Bedeutungsträger: tiefere Dimensionen von Wirklichkeit
   - Offenheit: vieldeutig, erweiterbar → ideologieanfällig
   - Ambivalenz: Wasser = Leben oder Tod
   - Eigenwert: nicht-symbolisch

## Symboldidaktik

- Kath. und ev. Seite (Halbfas vs. Biehl)
- Im Laufe der 1980er Jahre entstanden
- Zusammenführung von bibel-, erfahrungs- und ästhetisch orientierten Didaktiken
- „Brücke des Verstehens" zwischen Lebenswelt und Religion → integrative Wirkung
- **Methoden**
  o Ganzheitlich, Kreativ, Meditativ, Biographisch (Brückenfunktion), Kognitiv

1. **H. Halbfas: Anthropologischer Ansatz/Spirituelle SD**
   - Kath., Hermeneut. RU
   - „Das dritte Auge" 1983 → geistigen Sinn der Dinge erfassen, symbolische Sehfähigkeit entwickeln, RU = „Sehschule"
   - Orientierende+integrierende Fkt.
   - Kein Ansatz, sondern grundlegendes Prinzip
   - Ausgangspunkt = Symbolfähigkeit des Menschen droht verloren zu gehen
   - Konzentration auf Bibel
   - Religiosität = Verhältnis Mensch-Transzendenz d. eig. Wesens, nicht Glaube
   - Symbolerziehung = symbolfähig werden, in S. kommunizieren, Sprachfähigkeit
   - Didaktische Umsetzung
     o Mandala = Ausdruck der Vollkommenheit, Malen = Integration der Persönlichkeit

- o   Dominanz des Einübens, kritische Reflexion zweitrangig
- o   Einrichtung des Klassenzimmers wichtig
- Symboltheorien in 3 Säulen
  - o   Theologisch - P. Tillich: S. als (einzige) Sprache des Glaubens
  - o   Psychologisch - C.G. Jung: Urbilder/Archetypen
  - o   Relwiss. – M. Eliades: S. = Struktur der Welt
- Symbole weisen über sich hinaus
- Stiften  des Symbolsinns ohne kognitive Lernprozesse, keine Symbolbildung, emotionaler Bezug
- Keine Symbolkunde
- Bezug  zu mittelalterlichem theol. Denken,  mystische Theologie Meister Eckharts
- Bruch mit Problemorientiertem RU
- Primarstufe

➢ **Kritik:**
  - o   Archetypen-Lehre nicht empirisch
  - o   Sinn des Einübens bestritten für Grundstufe
  - o   Relwiss. Fundierung = Entleerung des kirchl. Fundaments des RU
  - o   Schülersituation+deren Alltagssymbole zu wenig beachtet
  - o   Keine Reflexion, keine kritischen Perspektiven
  - o   Aber: wichtige Impulse für Lernumgebung, praktisches Anregungspotenzial
  - o   Keine Entwicklungspsychologie


## 2. Y. Spiegel

- S. = Macht, man kann sich nicht entziehen
- Ausgangspunkt: heute wirksame S., Konfliktbearbeitung, situationsorientiert
- Werte und Vorstellungen einer Gesellschaft
- S. können Schützen, stärken, trösten, aber auch krank machen
  - o   Reklamebilder, Parolen, Bibeltexte
- Zwiespältige Bedeutung
  - o   Kontrast der Symbolwelten: Himmel = Einkaufsparadies
- Wozu gebraucht? (nicht, was es ist)
- Lebendiger Umgang mit S.
  - o   Nicht nur Tradierung, sondern Entwicklung oder Transformation
- Unterscheidung zwischen lebensdeutsam und lebensfeindlich
- Notwendigkeit einer Symbolkritik

➢ **Kritik**
  - o   Theologische Wahrheitsfrage sekundär


## 3. Baudler/Scharfenberg/Kämpfer (Mittelposition Halbfas/Spiegel)

- Gemeinsamer hermeneutischer Schlüssel für rel. S.
- Lebenswelt der Schüler
- Erfahrungen in bibl. Texten => Glaubenssymbole
- Frage nach Identität als Schlüssel
- Spannungsvolles Verhältnis von bibl. und heutigen rel. Symbolen

**4. P. Biehl: Christologischer Ansatz/Kritische Symbolkunde**

- Weiterentwicklung des Problemorientierten RU/Korrelationsdidaktik
- Evangelische Seite
- Abgrenzung von Halbfas
- Vermittelnde, ausdrucksfördernde Fkt.
- „Symbole geben zu lernen", 1989
- Problem der Vermittlung theol. Aussagen und gegenwärtiger Erfahrungen
- Geforderter Erfahrungsbezug, Ausgangspunkt Schülerwirklichkeit
- Wörtlicher Sinn + übertragener Sinn (nur durch den ersten erfassbar)
    o Nach P. Ricoeur
    o doppeldeutige Zeichen, zweiter Sinn muss genannt werden
    o Bsp. HAND
        ▪ Wörtlicher Sinn = Körperteil des Menschen
        ▪ Übertragener Sinn = Macht, Aktivität, Herrschaft
- Symbole sind NICHT
    o „ewig gegeben" (Halbfas)
    o Archetypisch (C. G. Jung)
    o Nicht Ausdruck der Tiefendimension des Dasein (P. Tillich)
- Sondern: geschichtliche (= veränderliche und erfahrungsbezogen) Ausdrucksformen, Dynamisierung
- Bezug zu A. Lorenzer
- Symbolentwicklung vor Sprachentwicklung
- Für RU gilt
    o Schüler haben schon Symbole angeeignet → identifizieren
    o Christl. Symbole vermitteln (Kenntnis kann nicht vorausgesetzt werden)
    o Konfrontation der Symbole der Lebenswelt - Symbole der Bibel
        ▪ Welchen Symbolen können wir vertrauen? Welche sind tragfähig?
    o Eigenes Symbolisieren
        ▪ Nicht einfach Symbole übernehmen, sondern übersetzen und selbst finden
- Schülerorientiert, bibelorientiert, gesellschaftskritisch
- Identitätsbildung
- Symbole
    o Ausdruck und Deutung für das Leben (Erfahrungen thematisieren => entlastend)
    o Konflikte bearbeiten
    o Grundambivalenzen ertragen
    o Did. Brückenfuntkion
    o müssen ins Zentrum christl. Theologie führen
    o Elementare S.
        ▪ Menschl. Organe (Herz, Hand etc.)
        ▪ Bezugspersonen (Mutter, Bruder etc.)
        ▪ Grundgegebenheiten (Licht, Wasser etc.)
    o Hinweischarakter, symbolischer Stoff (Tonscherbe) + das eigentlich Gemeinte (Freundschaft)
    o Haben an der Wirklichkeit teil
- 2 Zielrichtungen
    o Vermittlerposition zur Bibel hin

- Symbolhermeneutik, Re-symbolisierung
    - o Kritische Auseinandersetzung
      - Erschließen => doppeltes Verstehen (Grunderfahrung+bibl. Symbole)
- Bezug zu *ästhetischer Bildung*
- Sekundarstufe
- Didaktische Kriterien = Brückenfunkion
    - o Erfahrungen thematisieren
    - o Symbole → wirklichkeitserschließende Funktion wahrnehmen
    - o Bekannte Symbole zur Geltung bringen
- ➤ **Kritik**
    - o Kein hinreichendes Symbolverständnis
    - o Sinnlich-wahrnehmende Seite vernachlässigt, starke Konzentration auf Kognition
    - o Symbolisierung als kommunikativer Vorgang => nimmt Kritik auf, überarbeitet Theorie
    - o Bleibende Bedeutung für Religionsdidaktik

5. **Weitere Ansätze**
- Bucher
    - o Kritiker von Halbfas
    - o Symbolverständnis erst später angesetzt
    - o Erkennen von S. ist nicht reldid. Anliegen
    - o Ermöglichen der Symbolisierung = Grundaufgabe
    - o Nicht einfach S. übernehmen, selbst wahrnehmen/rekonstruieren
    - o Bezug zu Piaget
- Früchtel
    - o Biblisch-pragmatisch
    - o Bindeglied zwischen heutigen und früheren Erfahrungen
    - o Hermeneutisch
    - o Symstematik der Symbole
    - o Aufmerksam werden, dann Deutung, dann Verknüpfung
- Meyer-Blanck
    - o Weiterentwicklung zur Semiotik
    - o RP = Zeichen aneignen, ST = Wahrheitsfrage#
    - o Kritisiert Symbolbegriff als zu ontologisch

## Didaktische Prämissen
- Wahrnehmung fördern
- Befähigen zur Symbolbildung
- Symbollernen + Symbolbildung = elementare Kompetenzen religiöser Lernprozesse
- Kompatibel mit anderen Ansätzen
- Bedeutung bis in die Gegenwart
- christl. Vorprägung  nicht selbstverständlich, Verschiedene Hintergründe, nur noch Bruchstücke christl./kirchl. Lebens vorhanden
- Ganzheitlicher Zugang
- Begriffliche Klärung nicht vorhanden
- Schüler haben bereits S. gebildet, indirekt durch christl. S. beeinflusst

- Ambivalente Wirkung der S. → RU = Sozialisationsbegleitung
- Fragen im RU
    o Wie wirken S.? Wie positive Wirkung verstärken?
    o Symbole noch tragfähig?
- Symbolsysteme der Gesellschaft, Kirche, Jugendkultur, Freizeit, Arbeitswelt etc.
1. Kirchl. Feste
    o Doppelung von S.
        ▪ Weihnachtsbaum und Christkind
        ▪ Osterhose und leeres Grab
    o Symbolmischungen → im RU Bedeutung erschließen
2. Werbung
    a. Setzt bewusst relig. S. ein
3. Helden in Comics → Unzerstörbarkeit vs. Kraft in der Schwachheit
4. Basisbewegungen (z.B. Frieden, Ökologie): Baum, Taube
- Erfahrungen thematisieren
- S. wahrnehmen
- Bekannte S. zur Geltung bringen
- Gefahren
    o Tendenz zur Offenheit – wie begrenzen?
        ▪ Problem der Wahrheit
    o Begriffliche Strenge gefordert, trotz der Nichteindeutigkeit von Erfahrungen
        ▪ Erfassung Symbolsinn und Urteilsbildung
    o Christl. Symbole als Kontrast, Alltagserfahrung unterbrochen
        ▪ Kommt Widerspruch didaktisch zum tragen?
- Intentionen
    o Ausdrucksfähigkeit steigern (expressiv)
    o Alltagshandeln analysieren
    o Wirkungen analysieren
    o Symbolisierungsfähigkeit als religiöse Grundkompetenz
    o Konflikte bearbeiten
    o Interkuktureller Vgl.
    o Christl. Symbolangebot
    o Christl. Feste, Sakramente, Erfahrungen
    o Zugang zur Glaubenslehre
    o Sprachfähigkeit für rel. Erfahrungen
- Ganzheitlicher Zugang => lebensweltliche Phänomene/Symbole wahrnehmen + (Vor-)Erfahrungen darstellen
- Auf Grunderfahrungen fokussiert
- Selbststätiger Umgang mit S. → tieferer Zugang
- Kreativer Umgang+Medien → theologischer Sinn
- Nähe zur Lebenswelt

- Klasse 7: Lebensentwürfe
    - o Reformation, Islam
- Klasse 8: Urteilsfähigkeit
    - o Fanatismus, Bergpredigt
    - o Macht/Recht
- Klasse 9: gelingendes Leben
    - o Jesus, Arbeit/Beruf
    - o Liebe, Diakonie, Gewissen
- Klasse 10
    - o Hinduismus, Buddhismus
    - o Gewalt, Drittes Reich, Okkultismus, Rock/Popkultur
- Klasse 11/12
    - o Jesus Christus
    - o Die Frage nach Gott
    - o Ethik
    - o Religion als Phänomen

- Explizite Erwähnung von Symbolen (11/12)
    - o Wahrnehmungskompetenz: „erfassen die spirituelle Dimension der evangelischen Kirche über die Symbolkomplexe: Leib Christ, Heiliger Geist, Pfingsten"
    - o Sich Gott vorstellen
    - o Verhältnis zur bildlichen Darstellung und symbolischen Kommunikation von Gotteserfahrung